한 뼘만이라도 더 가까이

한 뼘만이라도 더 가까이

발행일 2016년 12월 20일

지은이 이덕수

디자인 대동문화재단 062-461-1500

광주광역시 남구 중앙로 87 kbc빌딩 12층

www.daedongc.com

※ 이 책은 전라남도문화재단의 지원을 받아 제작하였습니다.

03810

9 788991 932524

ISBN 978-89-91932-52-4

한 뼘만이라도 더 가까이

이덕수 시집

대동문화재단

제1부

아직도 당신에게 별빛으로

제2부

슬픔 베어 먹는 사랑

제3부

대숲에 긴 강물 흐르다

제 1 부

아직도 당신에게 별빛으로

내 몸의 강한 뼈와 함께

내 몸의 강한 뼈는 혀라네
내 뼛속의 피에서 검은 말들이 달려오고
내 몸 뒤에 오는 침묵은 그대를 따라 오리
매달린 눈물은 힘껏 따라 오는
일몰에게 맡겨 놓으리
그대를 버린 슬픈 언어들
뒤뜰 늙은 석류나무 아래 묻혀 있으니
돌아가야 하리
허허벌판에 모질던 기억의 아카시아꽃
그대의 머리에 꽂아주면 고향은 살아나려나
꿀벌들이 사는 곳
시냇가에 보이지 않는 바람 사는 곳
당산나무 아래 아뜩한 햇빛 냄새가 널린 곳
흔들리면 보이는 것처럼
두 손 마주 잡고 그대
어리던 날로 돌아 가야하리
강가에 저문 빛 주워 올리는
여명은 가까이서 맴도는데
누구에게도 길들지 않은 날개로
한 몸 되어 돌아 가야하리
그대와 함께했던 기억들
바람으로 흩어지기 전에

이승에 남은 날
슬프고 깊은 잠 버리고
내 몸의 강한 뼈와 함께 돌아 가야하리

꽃의 눈물

명옥헌 배롱나무

수수 많은 꽃무리에서
당신 눈물이 언 뜻 보이더군요
해는 저렇게 시퍼런데
새소리는 융융한데
고인 눈물 한참 들여다 보았으나
붉게 물든 눈물 매달고
어둔 밤을 지새겠다며
뜨거운 차를 후후 불어 마시겠군요

당신
동쪽에 있을까
서쪽에 있을까
붉은 꽃들은 서쪽으로 고개 숙여
막 사립문을 닫으려 하건만
당신이 보이지 않은 허공을 바라보며
내 안의 퍼즐을 꺼내어 만지작거려
합성 하였지만 둘 만의
사진은 만들지 못하겠군요
찍은 적이 없는 거지요
꽃도 저리 힘겹게 남아
둘이 되길 원했지만
떨어질 때는 늘 혼자였으니

당신
눈물 빌려 주실래요

구절초

어디서부터 그대 몸속을
걸어가야 할지 모르겠다
목하, 이 가을에 젖은
우두커니를 껴안고
그대의 아홉 번이나
꺾은 뼈마디에서
내가 눈물로
태어나도 할 말이 없겠다

젖어 풀어진 가을빛을 감히 밟고서
산호리 고샅을 한 바퀴 돌아온 구절초 향
찬 이슬에 점점 물렁해지고
늦가을 투명한 것들이
내 눈을 찔러대며
그대를 유난스레 닮은 구절초에게
차마, 설움인 듯 감추고
가슴 젖혀 들어오는 우울한 입술
실은 그대가 구절초여서
시월의 눈이
자꾸만 시려 오는 걸

불화산으로 녹아내리는

오징어를 씹을 때
맛보다 씹는 데 몰두 해지는 건
오징어가 사랑이 되고
젖이 되고 살이 되는 건
문제가 아니지
사랑을 삼키는 소리는 들리지 않아
씹을 때의 오묘한 수천가지 사연을 아는 가 몰라
잘근잘근 씹을 때만큼 숨을 멈출 때
딱 한번 만 사랑하는 그대를 잊지
살아있는 눈동자를 잊지
네가 내가 되고
내가 네가 되는
한 입맛에
한낮에
꺾어지는 해
한 번만
불화산으로 녹아내리는
한 번의 술래
한 번의 사랑

수평선을 칼끝으로 베다

동백숲에 가위거리는
남해 바닷가
밤고기들 푸른 눈 여럿 입에 가득 물고
네게 헤엄쳐 가는
눈먼 푸른 상괭이었다가
온 숨으로 가쁘게
거웃거웃 핏물 쏟아내는 동박새,
날개 없이 끄르릉 우는 새였다가

별빛 물어 삼킨
어둠의 물방울 그물에서
그리움 물고 퍼덕퍼덕이다
한 주먹 숨으로 스러져
깊은 바다 속 끓어오르는
천둥으로 울어 주리
혼절한 수평선을
칼끝으로 베어 주리

빛나는 모이

각시야
창밖을 내다봐

참새들
마른 겨울에 걸어 나오는
가쁜 숨 쉬는 먹이를 쪼고 있네
아직은 미안하다며 누워있는 부스스한
숲가지에서 날아와
망연한 전봇대를 부둥켜 앉은
눈부신 난장들
좀 봐바

소슬한 낮달
붉어진 정오에
내 것이라 해도
만질 수 없는 반짝거리는 슬픈 먹이들
참새가 우르르 날아 앉이 꼼짝없이
삼켜지는 퍼둥거림으로
멍석 볕은 부서지는 소리를
저 혼자 죽이고 있어

낡은 옷깃에 매달린

긴 겨울의 게으른 단추들
풀지 못하고
감나무 그늘 아래서
각시 머리로 우르르 날아가는
거리낌이 눈부셔라
눈물 나는 슬픔도
참새들에게는
빛나는 모이여서
후르르 글썽이는데
각시는 홀로
저녁 식탁에 앉아 있을 시간
서로 훔치던 가슴에 날아 앉을지 몰라

봄볕은 저리 말라가는데

노랫말을 듣다

수척한 고목에도
봄 냄새가 매달릴 것 같다
그녀가 좋아하는
야생화는
한 번에 피어오를
뜨거운 핏물을
고목뿌리에서 빌려오는 중이다

그녀는 음계보다
노랫말이 좋다며
노랫말로 들리는 시린 봄소식을
외로운 방에서 홀로 듣는단다
거룩한 봄 심장에서 들리는 말일까
그리워 들리는 한숨의 말일까
나의 노랫말은 얼음처럼
투명한 시집 속에 단단하게 묶여있는데

새벽은 돌고 돌아
저녁으로 깊어져
여린 봄이
슬금슬금 골짜기에
가득 차오르는 줄도 모르고

이제야 깊은 맛을 느낀다는
너의 말 한마디가
봄비로 한바탕 쑤시고 지나갔으니
나의 마른 고목에도 노래들
한 바퀴 돌아 울려 퍼지겠구나

목련꽃 후벼 터지는 소리마저
심장 물러 내리는
쓸쓸한 노랫말로 들려오고
나의 시는
맥없이 풀어지다가
네게 또다시 묶여지면
겨드랑이 사이로
연둣빛 내밀한
추억의 뿌리들 달려오는
너의 노랫말은
어느만큼 뻗칠 것인가
나의 시는
아픔으로 가득 차오르고

산의 얼굴 2

너에게 산의 얼굴이 있는 걸 알았으니
나를 풀어 버릴 수 밖에 없는
이유가 있었구나

너는 천자문을 외듯
동화사터,
중머릿재,
서석대,
규봉암,
장불재로,
중봉을 거쳐 한나절은 걸려 하산했다며
해산의 긴 머리채를 쓸어 내렸지
네가 산의 얼굴이었다
그럴 때면 나는
네 얼굴에서 게걸스럽게 풀을 뜯는
털 없는 산짐승
떼 지어 나니는 구름도
억장날 것 같은 하늘도
너의 얼굴에 달린 손아귀였다
날 두드려 패고 담금질 하는 것도
너의 간지러운 얼굴이었으니
나를 잡아먹으려는

섬뜩한 살쾡이 얼굴로
으르렁거려도 아파하지 않겠다

풀을 뜯다가
목마르면 산을 내려 와
문빈정사에서 물 마셨다
너의 얼굴은
절마당을 다녀간 발자국으로
그리움만 가득 남아 있고
문득,
산의 얼굴에
너의 얼굴이 겹쳤다

아픈 생일날에

이슬비에 젖어
이슬비를 따라 갔네
간신히 불 켜지는
한 모금의 발걸음으로

수술 등빛에
환한 죽은 상처
눈꺼풀로 걷어내면
차디찬 환청들이 꿈틀거렸네
빗방울들이 아프다며
수술가위에 부딪치는 소리 들리고
바람이었던 살
얼키설키 기워지면
몸으로 환생한 털 고양이
젖은 어깨에 걸쳐 앉았네

소리가 젖으면 무엇이 될까
시큰한 뼈마디에서 들려오는 소리
덜컹거리는 설움처럼
젖어드는 이슬비를
보듬고 걷다보면
누군가는 자꾸 부르고

멈추면 삼키지 못하는 대답에
소리 없이 따라오는 비의 냄새같이

익숙한 고양이 이름 부르는 소리 들리고
거울 속에 이파리 없는 꽃들 맞장구치는 소리
수술가위 멀어져가는 소리
지상에 애인도 없는 꽃무릇처럼
대답도 없이 하늘 길 터놓고
자지러드는 이슬비 내리네
아픈 생일날에

봄산에 다시 오를 날 있으려나

주춤거리는 속울음 감추고
더는 아프지 않기 위해
마당에 아픈 씨앗 뿌리며
껍질도 없는
봄볕 한줌 쥐고는
동구 밖에 멀거니 서면
어쩌다가 한 번에 끊어진
나지막하게 들려오는
멧비둘기 울음 좇고 있나
숨 찬 구름의 멍치끝에

봄산은 목 끝까지 마른 목으로 차오르고
겨울 숲을 지나며 흩날리는 마른 억새
늦도록 피지 못한 꽃이어서
봄산에 다시 오를 날 있을지 몰라

밀화부리가 알려나
바람꽃이 알려나

백 개의 우울한 능금

남원북철

겨울숲으로 들어가련다
문풍지에 젖어 간다는
너를 찾으러...

나는 숲들의 굳은 言辯으로
미처 따지 못한
시린 능금처럼 매달려 있는
백 개의 우울을 따야겠다

너는 입술마저 지워버린
어둠에 젖어 있구나
슬픔을 매단 능금은
가슴 어디쯤에 달렸을까
한 몸속에 닫힌 창은
따뜻한 남쪽으로 달아나려 하고
날 간직한 심장은
추운 북쪽으로 가자 하니
나는 빈 몸을 닫고는
잔설 깊은 숲으로 시린 능금을 주워들고
눈을 부릅뜬 백양나무와
늙은 소쩍새 울음의 흔적
또 다른 言辯으로 젖어들은

문풍지를 들고
숲에서 걸어 나와
저문 달 귀퉁이에 걸어야 겠다
뿔뿔이 어스름한 하늘로 흩어져 가는
백 개의 우울한 능금을
야금야금 삼키며

한 뼘만이라도 더 가까이

별 이야기 1

저녁 식탁에 앉은 별들
저토록 은은하게 살아본 적 있나
혼절하게 지친 날
등 지게에 걸치고 어디쯤 걸어 왔을까
생을 송두리째 차려 놓은 식탁에서
얼마 만큼의 별빛으로 아파야
외발로라도 걸어 나갈까
아득히 보일 듯
식을 수 없는 영혼으로
이유 없는 사랑을 무수히 바쳤으나
별들이 앉은
식탁은 뜨거울 줄 몰라
오히려 그대가 좋아하는
들꽃의 광휘가 뜨거웠지

내 풍경 안에 걸려 있는
짧은 날, 몇 장을 넘기며
지상으로 내려온 별들이
너에 머리 풀어 헤치라기에
나의 얼굴에 뒤덮여
숨을 쉴 수가 없었지
몇 번씩이나 죽었다가 살아난

가느다란 불꽃같은 재촉으로
끝내 긴 머리카락을 베고 잠들며
죽음의 열망을 잊지 못하는
별들이 엎드린 깊은 밤에
서서히 식어 가는 잠
한 뼘만이라도 더 가까이
네게 다가가는 잠
오, 참으로 늦게 만난
아득한 슬픈 잠이었지

어느 날 아프게 죽을 지는

별 이야기 2

사무치게 사랑해 보지 못한 사람은
밤하늘의 별빛을 삼킬 수 없다는 말이 있지
살아오는 동안 몇 아름의
별빛을 삼키며 살아왔을까
캄캄한 고속도로를 질주하며 달려온 발밑
희뿌옇게 가라앉는 타이어 먼지에서
별의 온기를 느끼며
별의 느린 바람을 따라
달려오는 사나운 짐승들에게 찢기고
별의 논리로 태어나고
별의 논리로 죽을 수만 있다면

가을 숲 가지를 품은 붉은 독버섯은
별의 죽은 영혼만큼이나 아름다웠다
다만 별의 영혼은 슬펐지
당신의 곁에 살아 있는
당신의 사람은
책장에서 도망 나온 활자처럼
다른 별자리를 꿈꾸는
작은곰자리,
궁수자리,
물고기자리의 극점들,

별들의 국경을 날아다니는
나비 유령을 따라
당신의 비밀스런 별에서
어느 날 아프게 죽을 지는
나도 몰라

알 수가 없어

명징하게 가물거리는

별 이야기 3

나는 저 별이
너의 별 일테니
가는 날에 머물겠다 하였지
너는 한 숨을 몰아쉬며
내 별에게 두 숨으로
묻히겠다 하였지

명징하게 가물거리는
나의 별에게
아프지 말라며
한 금 남은 시간에 수혈하였으나
별은 별이어서 別離를 헤적이지 못하는
또 다른 별에게 아픈 꿈을 꾸게 할 뿐
저 별에게
한 별 되지 못한
가득한 사연을 전할 수만 있다면
나의 입속에 낱말들로
별빛을 만들 수만 있다면
수만 갈래의 길을 걷는다 해도
별빛 풀어 너에게 다가가겠네

살아온 걸음걸음

슬픈 빛들의 얼굴마냥
죽어간다면
검은 밤을 끌어당겨
흩뿌릴지라도
네 별에
가는 날까지
별빛으로 만나는 억만년을 기다려
가는 숨 몰아쉴 수만 있다면

바닷가에 살았다

별 이야기 4

별이 내리는 바닷가에서 살았다
밤바다가 이층창가에
한 옹큼의 별로 밀려오고
숭어떼의 숨결이 출렁일 때마다
별은 가는 허리로 수평선을 그었다

조개무지에서
별들의 뼈를 찾아 뒤적이면
낯익은 뼈들이
먼 날의 광년으로
와르르 쏟아지던 시절
벚나무 아래에서 쿨럭거리며
나는 빠르게 죽었다가는 서서히 살아났다
별의 차디찬 눈물이 잠자리에 넘쳐
내 귀는 서늘한 우주 밖의 밀물로 채워지고
발가락에는 별빛들이 자글거려
마른 소금으로 둥둥 떠다니던 이승이
으스스해서 별을 완강하게 밀어봤지만
썰물에 밀려 맴돌았다

별빛은
무언가를 수시로 베었다

얼음으로 베어내듯
서늘한 피가 흘렀고
적산가옥 유리창에는
핏물을 관통한 은빛가루로 아득히 차올라
먼 은하로 돌아가는 낮은 비명도 들렸다
별의 울음이 아니었다
지상으로 죽어가며
떠나가는 것 이여서
별에게 기대여
소멸되는 반짝거림으로
잠들고는 하였다

왼손으로 눈물 내밀어

별 이야기 5

넘어지지 않을 곳에서 넘어질 때
눈물을 보이지 않을 곳에서
허기진 눈물 보일 때
우리도 핏기 살아 있는
별을 낳아
외로운 행성 만들었을 때
한 슬픔이 다른 슬픔에게
울컥, 왼손으로 눈물을 내밀어
한 그리움이
다른 그리움에게
두 걸음만큼 다가가
그윽한 눈길을 줄 때
너에게 이른 아침 더운밥이 되어
아픈 말 한 동이 뭉클뭉클 쏟아내리

만리 밖 강물길 일어서서 달려 올 때
지독히 미치게 그리울 때
그립다는 말이
네 가지의 발이 되어
초오량마*를 넘어 되돌아올 때
너에 길마가 되어 수만리 밖을
별빛으로 달려오리

비켜가는 별
왼손으로 눈물
내밀어 잡으려 할 때
멀어져 가는 오른손의 이별을
거룩하게 바라보리

* 에베레스트 산의 티벳 명칭

참, 쓸쓸한 이명

별 이야기 6

바람이 희미하게 새는 듯
어둠이 지나가기도 한다

참 허름한 날
여기가 여명이라는 듯이
시름에 별이 흐른다

흐르는 소리에
내가 아는 하루가
다 담겨 있어
가만히 웅크리고 있었는데
창문을 흔드는 그림자가 살아 있나보다

날이 새는
밤마다
내가 기억할 수 있는 문장에도
저승은 다 찼다는 듯이
쓸쓸하게 들리는 이명을
살갑게 부둥켜안고 잤다

어둠이 서 있는 문밖
가을별 페가수스가 가까운 하늘에서

세 번이나 허전했던
갈비뼈를
달그락거리며 맞추고 있다
그녀 것도 아닌
내 것도 아닌
슬픔마저 말라버린
뼈의 밑둥치가 울었다
여치가 따라 운다

울지 마라
가을이다

일만 광년 지난 뒤에

별 이야기 7

별빛이 내게로 왔을 때는
일만 광년이라 했던가
너와 내가 사랑할 때
별들이 무리로 쏟아졌다
일만 광년의 빛들
밤하늘이 온통 빛이 여서
너는 깊고
나는 차츰 멀어져갔다
어느 해구에 별이 가라앉아
해면에 빛으로 들어 날 때
순간 너는 백만 송이의 가득한
꽃으로 피었다
별과 꽃의 죽음만한 간극으로

일만 광년 지난 뒤
별이 꽃이 되는 세상에 다시 태어나
너에 이름을 불러야겠다
한바구니의 조팝꽃 속에서
들려오는 수많은 대답들
모두가 너를 닮은 별들이다
시커먼 그늘이
물컹물컹 쏟아져 응답하였지만

삼투압으로도 찾을 수 없는
너의 몸으로
흘러내리는 수챗구멍에
고개를 처박고 울었다
사랑의 결실은 없었지
별의 슬픔을
끄나풀로 묶기 위하여
일만 광년 지난 뒤에도 너는
내가 바라보는 별이어서
지금도 별빛으로
네게 날아가는 중이다

붉게 달아 오른 눈

별 이야기 8

살았으니
다시 눈물로
짚세기 신고
송도앞바다를 걸어 볼 것

눈물로 무릉도원 가을 길
코스모스로 피어
젖은 별에 잠들어 볼 것

살았으니
눈보라 젖은 날에 애먼 사랑 들쳐 메고
땅 끝까지 달려가 눈발로 부서져
설도항 괭이갈매기 울음 되어 볼 것

살았으니
다시 눈물로 길게 그어진 새 떼의 눈물 달고
애인의 손목이 감춰진 숟가락통, 서까래에 거미들,
핏물같이 달아오른
눈이 되어 볼 것

살았으니
살았으니

살아 있는 것도 눈물이어서
살다 떠날 때
슬픈 카시오페아 별자리에 맺혀
이승의 눈물로 번져 볼 것

아픈 날이면

별 이야기 9

아픈 날이면 아파 부서지는
투정을 달고 자살하고 싶었네
죽고 나면 이과수폭포를
날아가는 앵무새가 되어
내가 사는 땅에 날아와
아름다운 깃털 뿌리고 싶었네
깃털 살아나는
도마뱀꼬리처럼
꿈틀거리는 통증들
나의 착한 다락방에 가두고
별들의 이야기를 들려주고 싶었네
별이 내리는 밤
순한 양의 등거리에 엎혀
자근거리고 싶었네

아픈 날
들판의 소낙비로 무너지면
하늘의 영혼처럼
징검다리 뛰어 넘어
나의 착한 다락방
나의 아픈 사물덩어리
나의 순한 양들 데리고

또 다른 별이 되고 싶었네

시퍼렇게 찢긴 몸이라도
살아있는 별이고 싶었네

제 2 부

슬픔 베어 먹는 사랑

질투의 방

너의 미소가 자리잡은 안방에
질투가 함께 사는 줄 몰랐어
너에게 중얼중얼
말을 걸다 보면
숨어 있던 질투가 뛰어 나오길래
나도 모르게 허리가 무너지지 않겠어

실은 질투의 방 앞에 오면
매서운 십 이월 한파에도
겨드랑이가 따뜻해지는 걸
아무도 모를거야
나비같은 미소가
방문을 지키고 있길래
마음도 풀어 보면서
나는 왠지 겁먹은 채로 겨드랑이에
손을 푹하고 찔러 넣으면
보드랍고 따스한 온기였으나
아찔한 마음이
찌르르 달려오는 게
타인이었어
낯모르는 사람이었어
중얼거리는 말소리만 들리기에

망부석처럼 굳어버리기도 하지

그 집 주인은 하도 질투가
오래된 약속 같아
완벽한 약속 같아서
주머니 속으로는
정말 들어가고 싶지 않아
그러기 위해 얼마나 더 지나쳐야 할까
자꾸만 겨드랑이에 진땀이 흘러
참으로 우스운 낭만에게
성냥불을 긋거나
사랑을 끊는 것에 대해 골몰했지만
그러기 위해서는
세상에 다시 태어나야 할 거라고
너의 숨은 질투가
마른 번개 치더구나
큰 짐승의 목구멍에서
거대하게 뱉어지는 소리로

하얀 고래발자국 남겨 있는 달

그대
저 하늘창 올려다 봐
하늘 장대 끝에 매달린 초승달 보이지
달 속에 고물거리는 배씨댕기 달고
꽃들의 말들
토끼 웃음소리 들리는

제 몸을 열고 사립문 사이로
솔깽이연기 살며시 기어와
기웃거리는 참에
그리운 물동이 이고 가는
저 기우는 달을 쳐다 봐
저녁이슬 패랭이 꽃잎마다
낮게 자장가가 흘러 나와
길어 올린 물
가슴 깊은 우물 속에 반짝이는
새악시적 눈물 떠돌고
하얀 고래 발자국 남겨 있는
보름달 뜨는 날
시집가던 날
그대 반짇고리에
눈물자국만 남기고 멀리 떠났나

저녁 패랭이꽃은 소리도 없이
아프게 울고

살아 있기에

눈을 감으면
너를 볼 수 있거든
어둠의 꽃을
꽃이라 부를 수 없는
제비꽃 앞에서도
시간으로 머무는
시간의 씨앗으로
너에 머릿속을 왱왱 거리며 날아다니는
벌이 되고 싶은 생각 뿐
우연하게 생각나는 건
지구 저 멀리 여행지에서
사랑이란 빈 공기로
샤크레쾨르* 성당은 텅 비었고
쓰레기더미에 삐죽이 버려진 그림자가
밟힐 때마다 도처의 이방인 냄새
비둘기가 물고 날던 생각에
외로워하는 그대를 새에게서 찾았지
새에게서 찾다니...

눈물을 눈물이라며
흘릴 수도 없어
이국의 구름에 슬쩍 발을 걸쳐다가는

강 속에 풍덩 빠져 보고
싱거운 날에 빨래같이
말려지고 싶은 욕망으로
너에게 어서 돌아가고 싶었다
고국에는
하늘소 날아간 자리가 빨갛겠지
나의 저녁머는 캄캄하기만 한데...
키 큰 여인들의 어깨너머로
산딸기 몰래 익어가는 것을 바라보며
돌아갈 날 손가락으로 세었더랬지

살아 있기에
지금도 먼 땅 끝에
숨겨둔 기억의 시다나무 잎에 젖어
늘 푸르른 네가
내 이마를 빛으로
관통하는 중이었지

* 몽마르트 언덕 위에 위치한 성당

어찌 내 것이라 하랴

그 해 새벽길에 하얗게
쓰러진 나를 어루만지던
너의 눈물
너의 기도
너의 입맞춤
눈보라 얼음산을 떨며
넘었던 아스라한 절벽이
이리도 생생한데
바람의 끝이 있다 하겠는가
갈참나무 검은 숯불로 타오른
우리의 영원을
이제 기억 하는데
이제 너는 나로 인해
다시 살아나고
내 가슴에 그대로
달빛 깃털이 되어버린
찬연한 각시야
이리도 닿을 듯 말듯
슬픈 어금니에서 부셔지는 눈물
그 눈물까지도
어찌 내 것이라 하랴

두 숟갈의 밥

너와 나
두 숟갈의 밥으로
무엇을 채우겠는가
눈물에 밥을 말아 먹는다 한들
그대가 아무리 나를 사랑한다 하여도
그리하여 내가 그대를
죽도록 사랑한다 해도
매곡동에서 콩나물국을 들이켜야 하고
밤에는 대문을 걸어 잠가야 한다는 법칙을
그러므로 비유로 말을 말자
나에게 밥상차려 줄 일은
절대로 없다고 우기지 말고
모든 것은 먹고 살아가는
구체적인 동물이라 말하자

이승과 저승의 꿈은
프로이트의 비유였으며
너의 주인은 따로 있다고 인정하자
그대 자신에게 주인이 될 수 없다는 걸
잘 알기에 이룰 수 없다는 것은 이루려 말고
푸른 생선을 등 푸른 고기라 우기지도 말고
날개 없으면 떨어 죽는다는 사실을 우기지도 말자

사랑한다는 것은 너를 위해 죽는 게 아니라
사랑한다는 것은 한 몸이 된다는 걸 알면서도
스러지는 날에
다만 아프게 꺾일지라도
너의 눈을 도려내고
나의 심장을 들어내
힘줄 돋는 밥상에서
수국과 동백의
뜨거운 피로 섞여
삼켜지기 바랄 뿐이다

눈물 방

눈물 속으로 걸어 들어가 봐
그 곳에 벌집 같은 방들이 있어
크고 작은 방
그 방에서 사는 일은
조금은 외롭고
조금은 쓸쓸하고
그리고 많이 아파

하지만 그곳에서
오래 살다보면
방바닥과 부풀린 벽
천장에 숨겨져 있는
나지막한 속삭임이 들려
눈물이 주인 되는 소리
굵은 눈을 부릅뜨는 소리

아프니?
많이 아프니?
나도 아파
하지만 상처가
얼굴이었다는 걸 모르겠구나
서로 비춰보는 얼굴

거울이 되는 방

조금 더 오래 살다보면
그 방이 무수히 겹쳐져 있다는 걸 알게 돼
늘 아픔을 깨물고 나면 마음 씀씀이로 흔들려
생겨나고 또 생겨나는 방

눈물 속으로 걸어 들어 가봐
거기 있는 방에
슬프도록 큰 방이
너에 눈물방인 줄은 몰랐어
미안해

수수 익는 밤

시월의 창가에 앉아
학교 구내식당에서 낮밥을 먹었네
배고픔은 욕심 같아서
물 묻지 않는 빗들이
소리 없이 다가올 때
실없이 얼굴이 달아올랐네

청호색 꽃 속에 부리 박은 오목눈이
정강이를 분지르고 나와
흐릿한 빛으로
창문에 걸터앉아 울고 있네
울컥 이는 시늉
한입 물고
밀물인 듯
깊은 샘물인 듯
무겁게 차오르는 걸
무심코 쳐다보았네

비 내리는 날 내게로 왔다가
맑은 날 누군가의 손길에 묻혀 가는
익은 빛깔의 속내를 알 리 없었네
나무들 부스럭거리는 말 들리고

양털구름 이마에 부딪치며
허물어진 헛간에 홀로 자리 지키는
오목눈이 곁에 소리 없이 나부끼는
내 가난한 시간에도
아스라이 피웠을 어두운 빛들의 행렬
첫눈 내린 손등에 검은 힘줄 번지는

차려진 도토리묵에 놓여 있는
쓸쓸한 진분홍꽃 한 송이도
슬쩍 지나는 빛이었네
마주하는 슬픔으로
밥상머리를 돌아보고
또 돌아보아도
수수 익는 밤,
어쩌다 목덜미에
서늘한 바람으로
아파오는 베개였네

하얗게 울었다

맨바닥에서 잠을 잤다
어둠을 물고 다니는 풀무치가 울어도
밤 호수에 빠진 하늘은 쉬지 않고 등자리에 차올랐다
풀냄새가 눈꺼풀에 쌓이고 아무도 만지지 않는 어둠이
혀를 갉아먹는 사막을 껴안고 지나간다
우연히도 벽시계는 멈 춰 있다
우주에 마지막 남은 슬픔을 삼키듯
낙타에게 무심한 나를 실어 보냈다
혼자 있듯이 낙타는
선잠을 깨어 울먹였었다
부르르 떨려오는
비가에 컥컥 목이 메이고
슬픈 사랑을 나누던
맨바닥의 아스라한 사연들
숨어 떠도는 유령처럼
비밀을 들춰내고
맨바닥에서 아무것도
걸치지 않은 맨 몸으로
그리울 때마다 하얗게 울었다
낙타 등에서 흔들리는
나에 무심이 깰 때까지
하얀 울음이 흘러 사막의 강이 되고
자작나무가지에 별이 매달릴 때까지

해질녘에 아픈 너는

건들지 말라며 번지는 노을
아랫산 머리꼭지에 스러질 때
돌담 아래 울던 계집아이
개밥그릇 내려다 보이는
밥바라기별을 쳐다보며
울음을 세었네
한 울음...
두 울음...

어른이 되며 세상에서 가장 큰 별
사랑별이라고 십자수에 새겼네
손바닥에서 태어 난
별의 새끼들 앙앙거리고
뺨에는 물병자리 활짝 피었네

마을 앞
쪽빛 창포 걸친 하늘 길을 밟다가
늘메기 기어드는 외길 걷다가
길이란 길은 수틀에 새기며
이제는 울지 않겠다고
손끝을 찔렀다네
외로운 책에서

안경만한 세상을 읽은 뒤였지

죽을 것 같다는
밤이란 밤이면
달달 닳아진 노래 한 소절 부르고
달그림자가 창문을 핥아 흐르는
그물 같은 기억도
달달 외우고
가끔은 설명할 수 없는
슬픈 노래를 불렀네
어느 날엔가
여린 어깨 위에 빗물 스미듯
제 몸속으로 슬며시
발꿈치를 들여 놓은
목성 같은 사내가 살고 있다던
해질녘에 아픈 너는

그런 비

어느 하늘을 돌아 왔을까
내 마지막 쓸쓸함의 比翼鳥가
집 짓는 소리
살과 살 사이에서
한 점도 아프지 않게
쇠못 박는 소리

그 집 창가에 오래도록
머리 기대고 울지 않는 여자는
나 같기도 해서
별이 차고 넘치는 소리 같아서

새..., 머무는 새 ...,
젖은 날개는 점점 무거워지고
그 여자 같기도 하고
나 같기도 하고
새벽닭 울 때
도망가는 귀신같아서

서 있다가
기울다가
저절로 잦아드는

투명한 영혼의 바늘꼬챙이는
마른 땅에 절망한 목소리
하얀 피가 튀어 박혀
직박구리 슬픈 부리같은

비로소 울어야 할 것 같다

눈을 감고 걸을 때도 있다
죄 지은 듯 따라 오는
고개 숙인 목숨 데리고
마음 사탕을 핥다가
걸어온 길, 흠칫 뒤돌아보면
저만치 무언가에
딴청으로 따라 오는
뜨거운 여름날
왜 그런지 모른 채
한 발자국씩 죽어 가는데
홀연히 뒷산 너머
쏙독새 우는 소리
시골집 빈터를 쑤셔댈 때
누구인지 모르게 타오를 꽃 한 송이 곁
누구인지 바치고도 남은 사랑이듯
공중화장실 걸레처럼 해어진
육신 한 그루
발 굴려 묻어 주고 나니
비로소 울어야 할 것 같다

유월의 뻐꾸기

유월 숲에
뻐꾸기 울대가 되돌아 왔다
밤꽃도 사뭇 탱탱하게

수컷의 풀어진 눈에
비릿한 뒤 물 차오르고
햇살 내음 따라
바람 난 가시내처럼
속 앓는 짝사랑이
숨 가쁘기 시작할 때
내 몸이 여행을 떠날 때

벽시계 속 수닭를 풀어준다

긴 여음 목줄에 끌려가는 졸음으로
나는 늙어가고
너는 젊어가리

뒷산 너머 아버지 무덤에
검은 이끼들은 깨어나
쾌청한 하늘에 귀를 빌려줄 일

낮 닭 울음으로
큰 숨 쉬면
귀가 자꾸만 커지는
초록 산으로 도망가는 낮도깨비들
靈과 肉으로 나뉘는 강을 건넌다 한들
아직도, 대책 없다는 생각이
왜 드는 줄 모르겠다

울고 울어도
유월은 영혼의 등 켰다 스러지는
허전한 슬픔으로 가득 차고 넘치는 데
껍데기 끌어 가며
귀신 씨나락 까먹는 뻐꾸기울음
왜 저리 미운지

아무에게도 말하지 말랬다

네게 씨앗을 뿌리면
거친 내 이마에
노랑나비들 내려앉을 것이며
찬란한 꽃들이 이슬처럼 필 것이다

쉿, 아무에게도 말하지 말랬다

씨를 뿌렸으나
꽃은 피고
씨방은 지워졌구나
사랑하긴 하느냐 물으면 너는
사자가 모래를 모질게 씹어 삼켜
밀림을 지워 버리는
숙명의 혓바닥이
내 안에 존재하기 때문에
어쩔 수 없는 사랑은 감춰 두고
이빨을 혀에 감추고 산다 했지

그래, 아무에게 말하지 말랬다

모진 바람 불어닥치고
너한테 너한테는

살을 에는 눈보라가 몰아쳐도
내가 네 몸에 새긴
각인의 아름다운 이빨자국들
눈을 감는다 해도
빛나는 화석이어서
먼 날 나의
늙은 무덤에서조차 반짝이겠지

더 더욱, 아무에게도 말하지 말랬다

때로는 사랑하는 게 아니라
상처주기 위해 만난다는
너에 투정
네 안에 감춰진
날카로운 사랑의 파편들
얼마만큼만 내 것일까
그것들 풀어져
강물로 흐른다 해도
너한테 너한테는 건너지 못할 강
섬진강 바닥 천만 년 파인 돌에 가라앉아
영롱하게 빛난다는
그런 사실

참말로, 아무에게나 말하지 말랬다

바닷가 무덤

고요한 안식
괭이갈매기 노니는 곳
해송 잎 일렁이는 금빛 그늘
뜨거운 여자는 떠나고
술 취한 선부도 죽은 지 오래되고
버려진 신짝 올려 진 무덤 사이
저기 쯤 하얀 불꽃으로 일렁이는 파도
바다, 바다는 늘 다시 시작하고
사유의 보답으로 철썩이는
태초의 맨발에게
신발 신기기 위하여
오래 머무는 이별을 데리고
그대가 돌아 올 것이라 믿는다
꼭 되돌아 올 것을
바람도 믿는다
바람의 뜻대로 살기 위하여
스러져 가는 바닷가 무덤

나는 오직 앓을 뿐이다

네 마음
가득 비쳐
찻잔에 빠진 생각으로
클레멘타인을 부르는 시간이다

비바람이 불면
하얀 파도 같은 갸륵함에 이끌려
나만이 알고 있는 우림 속으로
너를 찾아 떠난다
태어날 때부터
너는 먼 나라의 비

홀연히
너를 만나
고래 춤추며 고스란히 들여 마셨다가
공중에 뱉은 생각
이유 없이 사무 친 말들로
줄줄이 매달려 나오는
슬픈 목청의 사랑비 노래
네가 만든 반찬들
너에 뜨개질로
나의 겨울 목은 따뜻했다

저만한 적막이 이마에 닿을 때
지상에는 쓸쓸한 부력으로
출렁이는 사랑의 말들
틈틈이 함께 했던
기억으로 만든
분신이라며
낯익은 우림에서 쓸쓸한 길을 잃고
태어나지도 않은 영탄으로
소리 없이 울고 있는 걸
뒤늦게나마 알았으니
나는 오직 앓을 뿐이다

아픈 눈보라를 데리고

지난 계절을 앓고 나오니
아침술에 취한 듯이 어지러웠다

다시 어지러운 눈발
훌쩍 순간의 국경을 뛰어 넘어
당신의 집, 늙은 감나무를 덮어 주고
늦은 밤, 전철에서 기대었던
기억의 얼굴들 핥아 주던
차가운 손이 찾아 왔다

허공에 거꾸로 발 딛고
울음 가득 머금은 눈발
뼈 잘려 나간 날에
아픔 같은 새떼의 칼춤
무엇인가 끌고 가는
아주 큰 수레바퀴였다
저 끝,
저 전생 너머...
당신은 어느 생에서
눈발들의 시린 우울을 들었을까

오, 맹렬한 울음 같은

자꾸만 눈발에 헤매일 것 같아
오래된 당신의 목소리를 앞장 세워
귀를 세운 체 눈발을 타고 골짜기를 건넜다
골짜기에는 눈발의
마지막 외침이 들려왔다
눈물 달린 꽃물로

당신,
내 꺼 맞느냐
물었더니
가득 물기 서린 눈빛으로
맞다 하였지

태어난 대로
세상의 투명한 빛들에 풀어지게
허공에게
당신을 놓아 줄까
배고픈 구름에게 놓아줄까
당신의 혀끝에 앉아 녹아버릴까
어느날
당신은 아픈 눈보라를 데리고
지우면 지울수록

깊어지는 색색의
안개꽃 면사포에
마음 한 개만은 남겨 놓고
남해절벽 아래로 날린다 했는데

오, 날아가면 열손가락에
형형의 들꽃들이 찬란하게 폭발할 것이다

그래, 언젠가는
그리운 검은 씨 되어
슬픔의 끝까지
가을 하늘 밀어올린 적산꽃처럼
세상의 다른 이름으로 산다면
개밥 삼켜 남은 빈 그릇에
아픈 눈보라 쯤 남겨 놓을까

단호한 생애

사랑하는 너와,
사랑하는 아픔,
사랑하는 욕망,
사랑하는 헛기침
컥컥거리는 컴퓨터 커서에서 가물거리는
그리움 좇다가 의자에서 깜박 잠들었다
양지꽃, 자귀꽃, 코스모스, 구절초에 날아가는
나는 하얀 나비였다
눈에 보이는 불꽃으로 처음과 끝을 날았다
나비의 날개가 펄럭일 때 마다
불꽃 피는

뜨거운 말로
꽃말을 만드는 나비
풀풀 날 때
고만한 꽃들이 여린 눈물 달고
욕망으로 만들어진 나를 들여다 본다
욕망의 넓이가 무척 게걸스러워
걸어온 사연이 많은 꽃이다
네 생애에서 빌려온 불꽃들은
얼마나 피어올랐을까
가만가만 보면

검푸른 나무에
천둥 불꽃이 매달려 있다
너의 단호한 생애로
나의 눈동자는 더욱 맑아졌기에
불꽃을 품어야 잠이 들었다

내 몸을 푸르게 재우는
안식이다

행복한 수컷무당거미

당신의 식량은 태초부터 따뜻했다
돈 맥클린이 추모하는
그리운 빈센트 반 고흐를 들으며
꺼질 듯한 숨결로
불빛을 흔들어
검은 빛이 일그러지는
그늘진 방과
책과 음악이
푸른 핏줄로 퍼지는 그림자
외면할 수 없는 서글픈 방랑
그것들을 들여다보고또 들여다보고
그럴 테면
차라리
불을 끄고 말았다
내 그림자를 지우고
창호지에 흘린
날 그림자를 지우고
당신의 따뜻한 식량이나 되었을

귓속에
오래 전 들어둔
슬픈 노래들

방목이나 해줄까

당신의 궁금한 시간 속에 들리는
메아리를 불러
실연의 시간들을 벗겨내고
말라가는 침묵을 다독거리며
당신의 따뜻한 품안에서
당신에게 즐겁게 먹히는
나, 수컷무당거미

행복했다

창문의 눈썹달

오랫동안 벗은 발
말갛게 씻고
지키지 못한
약속들 풀어 놓으면
내 몸 어딘가를 찾아 창문을 넘어온 눈썹달
임자 없이 서성거리던 노래를 부르며
가이없는 눈썹달을 맞았습니다
뒷산의 오동나무꽃도
푸르릉 깨어 달려왔습니다

달빛에
맨발 깊숙이 숨겨 놓은
부끄러운 설렘은
잠시 숨을 멈춥니다
달빛에 이별이 둥둥 익어 가는

눈썹날은
열어 놓은 숨결사이로 들어와
수선화에 매달린 차디찬 등에 불을 당 겼습니다
마른 늑골에 해묵은 상처를 쓰다듬고 吟遊합니다
백아*의 絃이 팽팽하며
아픈 살점과 뼛조각이 승천 합니다

눈썹달은 지상에 남고
쌍가락지 낀
그대의 희디흰 손마디에
달맞이꽃이 마구마구 피어납니다

* 춘추전국 시대 초(楚)나라출신 거문고의 명인

호수에 심장 버리고

겨울이 오면
호수에 심장을 내다 버려요
두 개의 달이 서로를 툭 밀쳐내는
병풍골 산정 호수에 말갛게 떠도는
눈 먼 그림자가 제 것이랍니다
왜냐구요
겨울은 무시로
끝도 갈도 없는
내장이어서 삼키기도 슬픈
심장을 꽁꽁 묶어
장수잠자리 내려 앉던
젖은 물가지에 버리지 않으면
도저히 숨을 쉴 수가 없거든요
그러하니 심장과 눈물은
나의 고요한 처방이기에
턱수염은 메마를 밖에요

그대 그대에게만은
숨결의 긴 끄나풀 흔들려
아파하는 게 전해질 테니 어떡하나요
이 겨울에 그대를 뜨겁게 달궈줄
심장을 버렸으니

힘들지만
그리움이 병이던 심장은
자신의 손으로
편백나무 그늘을 당겨
별처럼 떠돌아 찬란 하네요
하지만 묶인 끄나풀 풀지 못하고
그림자로 남아 흐느끼니
모른 척 해야 할까요
참으로 수런거리는
겨울 슬픈 심장 없이도
사는 날이 있으련지요

그대 뜨건
심장 빌려 주실래요

당신의 눈동자

당신의 눈동자는
투명한 가을 정류장에 머물러 있습니다
오늘도 마구 쏟아내는 플랫폼으로
신뢰의 유순한 이름들이
걸어 나옵니다

가야겠으니
가야겠으니
안간힘을 다해도
정류장에서 한 발자국도 움직일 수 없습니다
희디 흰 가시에 찔려
주르르 걸쳐진 하늘
나의 풍경은 손아귀에서
물처럼 흘러내려
가까이 아주 가까이서
당신의 완벽한 질투로
허공에 버텨보지만
검은 명주실 풀풀 풀리는
망설임마저 삼켰습니다
가야겠으니
어디로 떠나는지는
당신의 눈동자만 알 뿐입니다

제 3 부

대숲에
긴 강물 흐르다

울기 좋은 카페

네가 묶여 있다
해밀의 뜨거운 커피 잔에
어둠이 훔쳐 오면 별이 쏟아지는
천장 없는 찻집 큰 문에는
너의 아름다운 색색의 손톱 열 개가
매달려 딩동댕하고 열렸지

명암이나 신분증을 보여주세요

선생님은 할인해 주는 카페
산에서 걸어 나온 진달래가
자리 비켜주는 카페
너도 나도 며칠째 먹지 않으니
모든 환영은 늘어만 간다
이리도 무언가에 홀리는 건
산 목숨에 부딪치는 이야기 같다
완고하게 틀어박힌 사각의 고치방과
일곱 난쟁이가 살던
너에 마법의 방을
마음길로 달려가 보고 싶다

찻잔에 묶어둔

너를 들여 다 보는 동안
부끄러운 줄 모르고
엎드려 소리 없이 울었으나
마지막 이승의 찻잔 속에서
네가 눈물로
걸어 오는 줄도 몰랐다

담양호

물 위로
누군가의 지나간
별명이 떠돌고 있다
슬픈 이름의
부유물을 밀어내고
빼꼼하게 바라보는
눈물 감춘 안경 속의 눈들
호수에게는 슬픈 여생이 많아
아픈 눈을 달고
똬리로 틀어 앉은 망설임이다
흔들리는 산성 문 열고
성큼 걸어 나오는 잔바람으로
후르르 허물어지는 금성산
뼈와 허물이 깊다

구름 위의 운문암*

산 위에
가을 구름버섯으로 피어 있는 암자
'출입금지 참선 중'
팻말이 완강하게
비쩍 마른 백양을 밀쳐내었네
삼문을 열고 들어간 여자가
구름 더미 한 옹 큼 살그머니 훔쳐 먹네
도토리나무 앞섶에 떨어지는
지난 밤 이슬방울
구리기와에서 구르다가는
초록피로 떨어지네
고요해서 고요히
돌확에 넘치는 새털구름
여자가 가는 손가락을 적셔
비밀스런 기도를 하였네
나는 훌쩍 외로워져
먼 산을 바라보며
묵언을 주운 척
한 낮의 주머니에 담긴
허기를 털어 삼켰네

* 장성 백양사 암자 운문암

사과밭을 지나면

슬픔은 언제나
붉은 비밀을 감추고 있기에
밀물 같은 구름이 밀려와
사과 속으로 들어가
아무렇게나 얽히고 설킨
슬픔의 과육을
밀어내려 하지만
눈물 같지 않은
시린 눈물
네 눈동자에서 주춤거리는 걸
나는 보았지
붉은 여우가
하얀 사슴 되기에는 멀었나 보다
사과밭을 지나면
저절로 지근대는
두 개의 살은 짓이겨지고 섞여져
사과만한 눈빛들이 와르르 달려들기에
그냥 눈물이 나
도망 가
멀리멀리
도망 가

사랑하는 가방

사랑하는 가방과
사랑하는 아이들과
사랑하는 헛기침과
정직하게 컥컥거리는 노트북과
가방 안의 먼지를 털어내고
헌 책에게서 쏟아지는 언어들
어쩌다가 시가 되어
벌들이 물어
어디론가
풀풀 달아나고
나팔꽃 같은 애인은 이른 아침에
이슬로 나를 훔쳐 가고
어디서 걸어오는 꽃인가
가만히 보면
꽃 뒤에 숨은
꽃 같은 가방이
반평생동안 손에서
꽃씨가 되어 떨어지지 않았다

분명히 들었다

무등산 시내버스 종점

산에 가는 시내버스 54번 종점
늦은 약속들이 목을 쑤욱 빼고 기웃거렸다
종점식당의 메뉴판들이
처량하게 산을 올려다보거나
산고양이 눈빛으로 슬그머니 내려앉는
산그늘을 짝사랑하거나 말거나
분명히 들었다
아무도 모르게 산에 오를 것도 없이
저 많은 입들의 어두운 약속에서
시커먼 앞산을 훔치고
애인을 배낭에 담아
먼 산으로 도망가는 날도 있다는
낄낄거리는 수작을 들었다
낚시도 간 일 없는 작자가
퍼덕이는 생선 세 마리 사들고
대문 앞에 급소를 풀어 놓는 일처럼
종점은 멀쩡했다
절집 향내도
전생을 찾아
찻집에 짐짓 앉아 있다가
그런 풍경이 재미있어서
만지작만지작 막차를 놓치고

산에도 못 올라갔다는 비밀을
분명히 들었다

억센 뿌리

대의 연가 1

대 뿌리는
도둑이 되래 매를 들듯이
함부로 쑤시고 들어와
아버지 못 다한 유언을 도둑질하고
무덤 속에 제 집을 지었다
환장하고 즐거운 작정이라니
곁에 덩달아 달려오는 아침도 뿌리였다
세상의 모든 건 뿌리에서 시작되었다는 듯이
대순꼭지를 하늘에 흔들어대는 뻔뻔함이
가슴을 창으로 쑤셔 보고는
하품을 뱉어내는
여유작작이다

밥상에 올라오는
맹렬한 꿈틀거림도
착시 같아서
불쑥 파고드는 실랑이에
늘 목구멍은 칼칼했다

자고나고 자고나면
저것들은 빨랫돌 같은
이마를 깨고

아침 햇볕을 말리며
풀밭에 눕치는 이슬
떨어뜨리는 게
괘씸했지만
어쩔 건가

다시
이듬해 유월에
창백하게
날 선 서릿빛으로
저승에서 아수라 같이 달려온
억센 뿌리의 얼굴들

아버지의 진눈물이 묻어났다

비명을 물어 나르는

대의 연가 2

댓바람은 울음을 뿌렸다
소쩍새 울음도 댓바람을 흔들었다
쌓인 울음의
눈물 달린 발들
휘돌아 다녀 은밀하게
작은방의 문고리가 흔들렸고
나는 울음의 재촉에 파묻혀 귀를 기울이며
타들어 가는 등불 밑에서
시를 쓰는 게 아니라 그렸다
누가 저 울음으로 아파할까
빨간 칸의 원고지에 손가락을 꺾어가며
철학적인 시어를 개념도 없이 그렸다

이른 새벽 족제비에게
비명을 물어 나르는
깃털들의 신음으로
울음의 둥지는 절정이었지만
울음의 정체를 알기에는
나이를 먹어 가는 시간에도
수학 같은 공식이어서
관방천 국수를 먹으러 가며
정말로 나를 닮은 울음 있는 지
대밭을 찾는다

죽음의 꽃

대의 연가 3

대꽃은 중리를 넘어 구름발을 딛고 추성골에 퍼져갔네 생전 보지도 못한 대꽃이 피고 지면 처량한 장대귀신이 울며 헤 매인다는 밤, 밤이 무서워 나의 사춘기를 걸어 잠겄네. 잉잉거리는 빛줄기 따라 치렁치렁 죽음의 씨줄을 늘어뜨린 죽음의 꽃, 귀신의 얼굴이 서럽고 쓸쓸하게 생긴 줄 몰랐네, 꽃들이 죽어가는 몸부림에 의뭉스럽게 휘어 감기는 왕대가 시름시름 앓아가고, 백년의 뼈가 무너져 내리는 눈부신 한바탕으로 나의 발뒤꿈치에서 달아 진 이름들, 또 다시 백년의 생각으로 울음 비치는 시퍼런 허공 만들고 있네

천변 5일장

대의 연가 4

어린 날,
천변 5일장에 나오는
대나무들은 퍽 다소곳했다
잘 발라진 정육점의
빛나는 살과 뼈처럼
너른 천변 장터에서
어서 팔려가고 싶은
간절한 살점들
당촌 어른의 대나무 채반도
팔려가기는 마찬가지다
날 세운 칼에
굳은 살 박힌 손아귀로 발라져
푸르르하게 비린 것들
떠나며 응시하던 크고 작은 눈들
눈들은 떠돌아
생에 닿았지만
나는 아직껏 줄줄이 새는
채반이어서 싸게도 팔리지 않았다
개나 줘 버릴
싼 티 나는 남루였다

그런 때

그런 날에
대 껍데기들 푸르릉거리며
싱싱하게 팔려 가는 걸 보면서
나의 아침은 마른기침으로 깨어나고
저녁에는 아련한 빛으로 되살아났다

천변 장터에서 팔려가는
호명을 기다리는
한 죽의 푸른 말처럼
짚 꾸러미에
꽁꽁 묶여서 살아왔다
그대
그대는
나에게
팔려본 적이 있는가

겨울 까마귀

대의 연가 5

겨울까마귀들
대숲으로
유년을 물어 날랐네
실향의 썰물이 드러나고
우듬지에서 쏟아내는
악다귀가 휘었네
나의 사나운 스피치견도
미친 까마귀들에게
앞발만 허부적거렸으나
대숲은 멀쩡게 견디었네
숨은 망령들의 울음
어둠을 삼킬 수 없는
낮은 비음의 버스럭거림
쓸쓸한 반주도 들리는
저 깊은 수렁에서 이십 여 년은 잠 들었네
저만큼 아버지 손길이 스쳐 지나간
해묵은 왕대 나무 분가루들
석양의 나락으로 스러질 때
어둠의 뿌리는
스멀스멀 기어 나오고
무수한 지네발들 꿈틀거리며
울음이 모여 드는 저녁에

이빨 빠진 까마귀들은
젊은 날의 일기를 씹어 삼키며
어쩌다 부러진 말마디를
나팔처럼 짖을 때
왕대 마디에서 백설공주가
사뿐히 걸어 나와
빌어먹을
울음을 씻어 주었네

나는 긴 잠에 깨어
하품하였네

식영정에 앉아

식영정 주인아 내 말 좀 듣소*

성산 식영정 주인이
아득 트인 호수를 걸어가신다

붉은 소나무가 벌건 목청을 돋울 때
발갛게 타는 호수에
귀들이 훌쩍 넓어진다
풀밭에 물수제비로 풀썩 나는
여치는
블루투스를 날린다

수만년 번들거리는 바위 너머
끝불 당기는 석양
저 얼굴에 번지는
간지밥나무의 낙화
물가에 꽃부리로 이승을 만들고
餘滴에 뛰어 오르는 물고기들
석양을 날 쎄게 물어 챈다

절벽 아래
외길을 지우며 달리는 차들의

무식한 경적에
무릎이 서서히 아파 오면
서쪽으로 떠나신 주인께서는
하마 동쪽에서
덩그러니 달려오시겠다
앉은 마루자리 비워줘야겠다

* 성산별곡 첫머리에 나오는 글귀

용추사 가는 길

막사발가마터

가물거리는 여름날
안개꽃이 좋아
안개를 데리고 사는
그대와 깊숙한 산 속에 들어갔지
산길이 팔꿈치마냥 익숙하였다

그대는
절집의 빈 뜰처럼 다가와
적막 몇 개 담긴 막사발에
산딸기 담아 불쑥 내밀고
어쩌다 붉은 감잎사귀가 내려 앉자
실바람 잘게 가라앉는
노래를
가만히 불러줬지

산신각으로 앉은 뻐꾸기는
거미줄처럼 흔들리다 날아가고
세상의 모든 일이
울림이 되어 돌아오는 것처럼
불현듯 가마터에서
먼 불빛으로 들려오는
검게 그을린

속삭임의 부스럭거림은
솔잎의 팔랑거리는 것들과
사랑도 한 뼘 안의 망해여서
죄다가 그대와
나의 뼛조각이
서걱거리며 달려오는
파랑으로 보였다

그대
그대의
붉은 가슴 허물어
호랑나리꽃을 피우고
세상일 궁금해 하는 낮달
무심하게 막사발 타고 흘러갈 때
숲에서 풀 내가 풀썩 거려
세상의 아늑한 눈꺼풀이 덮여왔다

회산 백련지

나의 미소가 다가가자
연꽃이 피기 시작했다
살아야겠다
살아야겠다
살려 달라는
뿌리의 외침이 들리는
연못 위에 훌쩍한 이슬비가 울컥거렸다
미소와 나는 빗방울의 발과 손이 되어
연못에 살기로 했다
살다 살다가
낮이면 걸쭉하게 웃어주는
연꽃이 되어 마실 다니고
밤이면 이별한 연인이 되어
밤 파도가 밀리듯이 술래잡기 하다가
깃털 하늘 길 따라
별강을 건너자며
울컥 눈물 나는
맹세를 했다

가을 달이 걸친 산

추월산

가을달이 산에 집을 지었네
바위꽃 벼랑에
달의 새끼들
빈 하늘 되어 보기도 하고
구름은 살 품어 골짜기를 만드네
물오리 쳐 오르는 아득한 동공
구름 산에 뻗치네

푸르릉 치마 흘러내리고
천년만년 살자 하네
콧바람으로
단풍 물어 나르는 솔 다람쥐
해 날에
해 날에는
먼 가을로 떠나고
겨울스님은 관능적으로
바위벽에 슬며 들이기시네

핑경소리, 산자갈,
먼 날에 스러진 산벚꽃
핏물*새겨진 숨골에
기억자로 돌아누운

여인의 앙상한
등거리가 들어나고
수척한 뼈들이 호수에 떠도네
그런 날에
그런 아픈 날에
퀭한 눈들은 어디로 가셨나
부셔진 허연 뼈들
어느 곳에 가라앉아
지친 숨을 쉬고 있나

* 임진왜란 때 왜군에 쫓겨 김덕령 장군의 부인이 순절한 절벽

뒤 산에 미륵불

나의 옛날은
미륵 같은 세상
뒤 산 꼬리에 미륵이
나도 모르게 걸어 나와
나의 족보를 들추고
몇 대조 사당 터를 쑤셔보고는
새까만 장손자에게 말을 걸었다
나는 아무 것도 알 리 없는
대밭에 깨져 흔들리는
기왓장의 몽롱한 혼을 바라보며
서열과 항렬도 모르는
장손이 부끄럽기도 해서
늙은 감나무에게 하소연도 해보고
백년 넘은 항아리에게
답답한 이마도 들어 밀어보고
그러는 나를,
미륵은 참 쑥스럽다는 듯
초똥을 흘리며 실실 웃었다.
다만 왼쪽 입꼬리를 살짝 올리기에
커닝을 하듯
족보를 들여다보면 항렬의
획이 사다리타고 오르락 내리락 하기에

머릿속은
한 뼘 웅덩이에 빠져 들어
하얗게 바랬다
앞으로도
얼마나 살아야
미륵처럼 그윽이 앉은
미소에 이를 건지
도져 오는 궁리에
노랗게 익은
갈참나무 이파리 하나
미륵 머리 위에 앉는다
그윽한 염불이다

촌놈

나의 어린 날은
한우 고깃집에
젖소고기가 둔갑하는 것처럼
일순, 생판 다른 풍경이었다
원조 도시에서 수돗물 먹은
하얗고 곱상한 얼굴에게
읍내 녀석들이
무정 촌놈이라 하질 않나
짱구, 아편쟁이, 말라깽이...
웬 별명도 많이 붙여 주는지
군대 반찬을 주름잡던
도루묵만큼이나 많았다
짱구는 시골에 이발사가 귀해서
십리를 나가야 머리를 자를 수 있어
상고머리를 박박 밀었으니
빛나는 짱구로 들어날 수밖에 없을 터
아편생이는
평생 보듬은 상처가 헐떡여
누렇게 뜰 수 없는 사정을
저들이 어찌 알까

촌놈이란 별명 참, 살 가운데

시골 풍물을 모르는 것도 많아서
벼를 쌀나무라 했으니
촌놈이라 놀리면
나는 도시촌놈이니까
까마귀 떼거리 속에 백로였다
어쩔래?

어른이어도 촌놈은 촌놈이었지
어리숭하고 늘 한 점 부족한
진짜 촌놈의 시커먼 속살을
그대는 알까 몰라
세상 다하는 날까지
까마귀도 아닌
백로도 아닌
어정쩡하게 뒤뚱이는 죽마를 타고
둥근 달을 따라 가는 것
개가 짖지 않을까 끙끙거리며
머릿속 맑은 전깃불은 영원히
켜지지 않을지도 모를 촌놈,
그대만은 알아주겠지

관방천 귀하신 고목들*

원조 장터국수집

젊은 날
장날이면 해어진 양철 지붕 아래
문을 여는 냄비국수집이 있다
소문은 읍내나 시내를 한 바퀴 돌아서
한낮이 되면 양복쟁이, 월급쟁이들이 줄섰다
냄비마다 국수 한 가닥 더 삼키고 싶어
밑바닥을 궁기로 두들겨
두 매듭 만큼이나 패인 냄비국수
막노동 장꾼들은 시름을 두들기며
"웠다메 우리들 점슴밥을 빼사 분당께"
"고랫적부터 우리 자리 였구만"
그들은 자리를 빼앗겨
퉁겨진 참새들이었다
골목에서 옹기종기
국수처럼 서서는 후르륵
허기를 들이키고
냄비 속에 고인
멀건 햇빛가루도
한숨에 핥았다
관방천 국수 원조다
이제 소문 난 맛집이라고
서울에서, 엘에이에서도 온다

고랫적 자리를 빼앗기는
관방천의 귀하신
고목들이 힘겹게 도리질했다
국수 위에 떨어지는
아픈 낙엽이다

* 천연기념물 제366호로 지정된 수령 300~400년된 관방제림의 나무들

달 깁는 손바람소리

여자야
저 하늘 창문을 올려다 봐
반달 보이지
달 속에 고물거려
꽃을 입에 문
너를 닮은 여자의 노래
네가 부르는 노래가 일어서서는

달맞이꽃 제 몸을 여는 사립문 사이로
그리운 항아리 머리에 이고 흔들리는
저 달 쳐다봐
착한 꽃잎마다에서
달 깁는 손바람소리 들려
너에 나직한 애창곡이 줄을 잡고 내려 와

제 가슴 깊은 달맞이꽃
걸었던 자리마다
흥흥거리는 꽃의 노래랑
내게 남김없이 주어버린 마음 거울이랑
네 가슴 닮은 달에 들어앉은 나의 너는
사랑하는 노래를 저어
허공을 나르는 나룻배처럼

숲이 내게로 걸어 올 때도 있다

사랑하는 바람에게 물었다
죽은 숲을 품어 본적 있느냐
다시 묻는다
숲에 사는 새들의 우짖는 소리에
푸른 음표가 있느냐

지난밤에 머물던 별자리에서
숲은 길게 늘어져
살아나는 연초록 꽃뱀들
어쩌면 나의 물음도 들었을 것 같이
오래 전에 풀려 나와
음악을 켜고
그림자처럼 따라 다니며
무슨 수로도 달래 보려고
아픈 가슴을 들쑤셔 보는 지

검푸른 숲에게 넌지시
음악을 들려주고
촛불도 켜서 물어도 보고
바람과 동격의 나는
나귀를 타고
숲이 잠자는 안방으로 들어갔다

세상은 고요히 잠들었는데
책속에서 즐겁게 나오는
나를 빼닮은 애인을 만났다
그게 답이었는지
숲이 살아
내게로 걸어 올 때도 있다

다시,
그대를 향한 내 안의 길

이덕수 시집 「한 뼘만이라도 더 가까이」에 부쳐

한강희 _문학평론가 · 전남도립대학교 교수

상처와 치유의 시적 형상화 도정

이덕수 시인이 다섯 번째 시집(65편) 「한 뼘만이라도 더 가까이」를 펴냈다. 시인은 2002년 「현대시」, 2003년 〈시와사람〉에 시편을 싣게 되면서 '시업'에 뛰어든 이후, 첫 시집 「깊은 강, 깊은 슬픔」(1998. 2), 두 번째 시집 「붉은 여우의 겨울나기」(2004. 3), 세 번째 시집 「잠시」(2010. 6), 네 번째 시집 「달의 새끼여서 눈이 시리다」(2014. 10)를 펴내는 등 길지 않은 시력(詩歷)에 비해 '지속가능한' 시작 활동을 해왔다.

시 창작 활동의 본격적인 시기에 돌입하며 펴낸 두 번째 시집 「붉은 여우의 겨울나기」의 기조는 풍경 속에 비친 내면의 상처를 치유하려는 시인 자신의 처절한 몸부림, 혹은 내면에 침잠해 있는 부정과 미움의 편린을 풍경에 대한 응시를 통하여 여과(filtering)하려는 데 초점이 모아졌었다. 즉 이 시집의 전편을 아우르는 분위기는 떠돌이로 던져진 방랑자로서 인간 존재의 숙명을 이야기하거

니와 가족 구성원의 책임자로서 가족을 건사하지 못한다는 자괴감에다, 육체적 고통에 시달린 개아(個我)적 눈물을 매만지기 위해 구원의 빛을 찾아 나선 글쓰기 도정으로 읽힌다.

세 번째 시집 「잠시」 역시 두 번째 시집의 연장선상에서 파악할 수 있다. 여기서는 여정(旅程)을 통한 아픔의 치유, 일상에 대한 회상과 성찰, 기대 난망한 자잘한 소망에 관한 기록이 '잠시'에 관한 정밀화로 잔잔하게 포착되고 있다. 그 정조는 도피나 체념이 아닌 정체성의 회복을 겨냥한 지표라 호명할 수 있겠다. 시인은 '살다가 울컥이는 일상 속의 잠시, 손가락과 손바닥 사이를 더듬는 하루 내의 잠시'에서, 구체적으로 '파도에 물수제비를 뜨는 것으로 아픔을 겨워내는' 등 병고에 지친 육신으로 마지막 시집이 될지 모른다는 절박감으로 시편을 빚어냈다.

가장 최근의 시편인 「달의 새끼여서 눈이 시리다」는 개인적 고통에서 오는 비극적 체험을 직정적인 사랑과 연민으로 형상화한 것이다. 이전의 시편과 다른 모습이라면 몇몇 시편에서 상처의 환기를 통한 높은 차원의 의식적, 무의식적 방법과 장치를 동원하고 있다는 점이다. 여기서 관념적이라는 지적이 나올 법도 하지만, 이는 바꿔 말하자면 시적 진술이 한 차원 고양되었음을 의미하는 것이기도 하다. 시인이 자서(自序)에서 "사랑하는 꽃에게 꽃말을 들려주기에 숨이 벅찼다."고 소회를 밝힌 바처럼 '달의 새끼들 - 풍뎅이, 장수벌레, 투구벌레, 휘파람새, 뜸부기, 소쩍새, 왕감나무, 검은 점나비, 왕대나무 - 을 만져보는 것만으로도 눈이 환하게 부셨던' 밝고 건강한 시적화자를 만날 수 있었다.

이번에 펴낸 다섯 번째 시집, 「한 뼘만이라도 더 가까이」는 첫 시집부터 네 번째 시집에서 이미 보여준 세 축의 시적 작동원리를 견고하게 재구축하는 형태라 이해할 만하다. 그 하나는 인간 존재가 오롯 느끼는 실존적 상처와 절대 고독이라 할 수 있고, 또 하나는 유년과 고향, 그리고 현재적 삶터가 비추는 풍경의 응시를 통해 내면의 풍정(風情)으로 승화하려는 작업이다. 마지막 한 축은 또다시 '그리운 그대를 향한 길 찾기 여정'에 다름 아니다. 여기서 '그대'란 복합중층적인 성격의 산물[*object*]인 바, '또 다른 나의 분신'이며, 때로 '나의 각시'이며, 때로 '미지(未知)의 시적 화자'로 환치할 수 있으리라.

다음 시편은 이번 시집 61편의 전편에 흐르는 정조를 상징적으로 대표하고 있다.

맨바닥에서 잠을 잤다 / 어둠을 물고 다니는 풀무치가 울어도
밤 호수에 빠진 하늘은 쉬지 않고 등자리에 차올랐다
풀냄새가 눈꺼풀에 쌓이고 아무도 만지지 않는 어둠이
혀를 갉아먹는 사막을 껴안고 지나간다
우연히도 벽시계는 멈춰 있다(...) 부르르 떨려오는
비가에 컥컥 목이 메고 슬픈 사랑을 나누던
맨바닥의 아스라한 사연들 / 숨어 떠도는 유령처럼
비밀을 들춰내고 / 맨바닥에서 맨 몸으로
그리울 때마다 하얗게 울었다 / 낙타의 등에서 흔들리는
나에 무심이 깰 때까지 / 하얀 울음이 흘러
사막에 강이 되고 / 자작나무가지에 별이 매달릴 때까지

– "하얗게 울었다" 부분

이 시는 인간존재의 절대고독에 대한 성찰을 시적 화자인 자신의 삶을 반추하는 형식으로 차분히 풀어내고 있는 경우다. 지금까지 시적 화자를 성장시킨 기억의 모티브를 '맨바닥'으로 상징화한 화자는 '만져지지 않은 어둠', '혀를 갉아먹는 사막', '아스라한 사연들'로 인해 속수무책이나 막무가내로 '그리울 때마다 하얗게 울었기' 때문에 고희에 다가가는 즈음, 건강한 그리움으로 승화하는 모습을 보일 수 있었다. 요컨대 '하얀 울음'과 '사막의 강'은 '나의 무심이 깰 때까지', '자작나무에 별을 매달려고' 하는, 즉 완성도 높은 시적 추구에 대한 강렬한 의지로 읽힌다.

'버려진 나'에서 '내려놓은 나'로

시인은 천생 내면적인 트라우마를 '사서 겪는' 자들이다. 이덕수 시인의 경우, 시적 모티브로 신산스런 육체적 아픔과 상처가 크게 작용하고 있지만, 사실 자본과 욕망이 휘황한 거대 자본주의 그늘 아래서, 혹은 의식적·무의식적인 가부장적 제도권 내에서 '뜨거운 꽃말'을 직조하는 지난한 과정을 밟아왔다. 이는 시인으로 추앙된 자들의 통과의례이자, 동시에 우정 속세에서 비켜나 시지프스의 천형(天刑)을 짐 지고 가야하는 자들의 운명이다. 그래서 시인은 운명처럼 기약한다. '모진 바람 불어 닥치고, 눈보라 몰아쳐도' 아무에게도 말할 수 없었던, 혹은 나의 육신이 현존하지 않을 '먼 날' 무덤에서나 '반짝'일 수 있으리라.

"뜨거운 말로 / 꽃말을 만드는 나비

풀풀 날 때 / 고만한 꽃들이 여린 눈물 달고
욕망으로 만들어진 나를 들여다 본다
욕망의 넓이가 무척 게걸스러워 / 걸어온 사연이 많은 꽃이다"

- "단호한 생애" 부분

"그래 아무에게 말하지 말랬다 / 모진 바람 불어 닥치고
너한테 너한테는 / 살을 에는 눈보라가 몰아쳐도
내가 네 몸에 새긴 각인의 아름다운 이빨자국
눈을 감는다 해도 / 빛나는 화석이어서
먼 날 나의 / 늙은 무덤에서조차 반짝이겠지(...)"

- "아무에게도 말하지 말랬다" 부분

대체로 아픔과 상처의 현현(顯現)은 눈물로서 표상화한다. 시인에게서 그 눈물방은 외로움, 쓸쓸함, 아픔으로 교직되는 공간이다. 그런데 그 비가의 정조는 감내(堪耐)의 숙명을 운명처럼 받아들일 수 있기에 '주인이 되어', '굵은 눈을 부릅뜨는 소리'를 지를 수 있다. 화자는 그 방의 실체가 무수히 겹쳐져 있다는 것을 인지하고 있는 바, 이는 원융과 달관의 자재로운 시적 경지에까지 진입할 수 있음을 시사하는 대목이다.

한편으로 이는 몸속에 감춰진 말인 랑그(Langue)와 포에지(Poésie)로 발화되는 말인 파롤(Parole)이 조화롭게 교호작용하고 있다는 반증이다. 몸 뒤에 감춰진 침묵이라는 언어를 기제로 하여 '몸속의 강한 뼈', '뼛속의 피'에서 '검은 말들이' 분출되고 있는 형국이다. 짐짓 고단하고, 아픈 생채기를 털어내고자 하는 시인의 순정한 몸부림, 즉 자아정체성의 발화를 엿볼 수 있다.

"눈물 속으로 들어가 봐 / 그곳에 벌집 같은 방들이 있어
크고 작은 방 그 방에서 사는 일은
조금은 외롭고 / 조금은 쓸쓸하고
그리고 많이 아파 / 하지만 그곳에서
오래 살다보면 방바닥과 부풀린 벽에 / 천장에 숨겨져 있는
나지막한 속삭임소리가 들려 / 눈물이 주인 되는 소리
굵은 눈을 부릅뜨는 소리 (...) / 조금 더 오래 살다보면
그 방이 무수히 겹쳐져 있다는 걸 알게 돼 / 늘 아픔을 깨물어
마음 씀씀이로 흔들리며 생겨나고 또 생겨나는 방(...)"

- "눈물 방" 부분

내 몸의 강한 뼈는 허라네
내 뼈 속의 피에서 검은 말들이 달려오고
내 몸 뒤에 오는 침묵은 그대를 따라 오리
그대에게 매달린 눈물은 힘껏 따라 오는
일몰에세 맡겨 놓으리 / 그대를 비린 슬픈 언어들
뒤뜰 늙은 석류나무 아래 묻혀 있으니 / 돌아가야 하리(...)
이승의 남은 나날 / 슬펐던 깊은 잠 버리고
내 몸의 강한 뼈와 함께 돌아 가야 하리"

- "내 몸의 강한 뼈와 함께" 부분

이번 시집에서 보인 '별 이야기'라는 연작 형식의 시편은 시적 화자가 경유한 과거이면서 앞으로 다가올 미래에 관한 신화적 상상력의 산물이다. 시인은 누구를 얼마나 사랑하며 살아왔던가에 대한 반추를 밑자리로 하여, 이러한 상황이 다시 주어진다면 어떤 별에서 어떤 형상으로 태어나고 죽을까에 대한 비가(悲歌)적 상상력으로 포에지를 확장시킨다. '어느 날에 아프게 죽을지는 / 나도 몰라 / 알 수가 없어'라는 구절에 이르면 공자가 "시삼백[詩經]"에서 설파한 시정신의 한 축인 '애이불상(哀而不傷)'이 상기된다. '이명(耳鳴)'을 통해 이승과 저승의 경계를 쓸쓸히 구분 짓는 모습도 이러한 맥락에 맞닿아 있다. 어느 별에선가 시작한 삶의 양태가 다시 어느 유성(流星)으로 향할 지에 대한 관심으로 반전되고 있음은 분명히 시적 변전의 추구이기에 청신호로 보이지만, '검은', '캄캄한', '찢긴', '유령의', '아픈', ' 저승의' 색깔을 두르고 있어 '높고, 쓸쓸하고, 외롭고', 처연하기까지 하다. '버려지고 유폐된 아픈 나'에게서 '내려놓는 나'로 시간의 추가 교대하고 있다.

"사무치게 사랑해 보지 못한 사람은
밤하늘의 별빛을 삼킬 수 없다는 말이 있지
살아오는 동안에 몇 아름의 / 별빛을 삼키며 살아온 것일까
캄캄한 고속도로를 질주하며 달려온 발밑
희뿌옇게 가라앉는 타이어 먼지에서
별의 온기를 느끼며 / 별의 느린 바람을 따라
달려오는 사나운 짐승들에게 찢기고
별의 논리로 태어나고 / 별의 논리로 죽을 수만 있다면(...)
별들의 국경을 날아다니는 / 나비의 유령을 따라

당신의 비밀스런 별에서 / 어느 날에 아프게 죽을지는
나도 몰라 / 알 수가 없어"

– "어느 날에 아프게 죽을지는 : 별 이야기 2" 부분

"흐르는 소리에 / 내가 아는 세상이 / 다 담겨 있어
가만히 웅크리고 있는데
창문을 흔드는 그림자가 살아 있나 보다 / 날이 새는
밤마다 / 내가 기억할 수 있는 문장에도 / 저승은 다 찼다는 듯이
쓸쓸하게 들리는 이명을 / 살갑게 부둥켜안고 잤다(…)"

– "참, 쓸쓸한 이명 : 별 이야기 7" 부분

나와 그대 사이, 혹은 풍경과 풍정

시인은 유년시절을 인천 송도 바닷가에서 보냈다. 그래서인가, 이번 시편에서는 유년에 대한 추억과 그리움을 쉽사리 발견할 수 있다. 모름지기 유년은 고향이고, 고향은 유년과 동일성의 범주에 속한다. 한편 고향은 유년을 살아온 시간이요, 유년을 즐겼던 공간이면서, 유년에 교류했던 친구 [사람]다. 이 세 가지 요소의 총합이 애틋한 그리움으로 묻어나고 있다. 이번 시집에서 연작 형태로 집필된 '별 이야기'의 시행들은 유년시절의 아프지만 '한 움큼 별로 밀려오는' 희망이었던 바닷가에서 '지상의 죽어가며 떠나가는 것'을 반짝거린 풍경으로 추억하는 형태다.

"별이 내리는 바닷가에서 살았다 / 밤바다가 이층 창가에
한 움큼의 별로 밀려오고 / 숭어떼의 숨결이 출렁일 때마다
별은 가는 허리로 수평선을 그었다(...) / 별빛은
무언가를 수시로 베었다 / 얼음으로 베어 내듯
서늘한 피가 흘렀고 / 적산가옥 유리창에는
핏물을 관통한 은빛가루로 아득히 차올라
어둠속 별 강으로 돌아가는 낮은 비명도 들렸다
별의 울음이 아니라 / 지상의 죽어가며 떠나가는 것이어서
별에게 기대어 소멸되는 반짝거림으로 / 잠들고는 하였다"

- "바닷가에 살았다 : 별 이야기 4" 부분

'별 이야기'가 유년의 추억을 떠올리고 있다면, '대의 연가' 연작 다섯 편은 유년 이후 조상대대로 살아온 성년의 현재적 고향에 관한 시적 모색에 해당한다. 이 역시 고향인 대나무골 담양 일대의 풍경과 정물에 대한 묘사에서 출발하여 가족사적, 개인사적 시적 화자의 세계가 서정적으로 주관화 [자아화]하는 경우다. 시인에게 담양의 대나무는 '억센 뿌리'의 모습으로, 어떨 때는 '비명을 물어 나르는' 대상으로, '처량한 장대귀신이 울며 헤매는 죽음의 꽃'으로 비춰진다.

"대뿌리는 / 도둑이 되레 매를 들듯이 / 함부로 쑤시고 들어와
아버지 못 다한 유언을 훔치고 / 무덤 속에 제 집을 지었다(...)"

-"억센 뿌리 : 대의 연가 1" 부분

"댓바람은 울음을 뿌렸다 / 소쩍새 울음도 댓바람을 흔들었다
쌓인 울음의 / 눈물 달린 발들은 / 휘돌아 다녀 은밀하게
작은방의 문고리가 흔들렸고
나는 울음의 재촉에 파묻혀 귀를 기울이며
타들어가는 등불 밑에서
시를 쓰는 게 아니라 그렸다(...)"

- "비명을 물어 나르는 : 대의 연가 2" 부분

"댓꽃은 중리를 넘어 구름발을 딛고
추성골에 퍼져갔네 생전 보지도 못한 대꽃이 피고지면
처량한 장대귀신이 울며 헤매는 밤(...)
백년의 뼈가 무너져 내리는 눈부신 한바탕으로
나의 발뒤꿈치에서 달아 진 이름들,
또 다시 백년의 생각으로 울음 비치는 시퍼런 허공 만들고 있네"

- "죽음의 꽃 : 대의 연가 3" 부분

시인에게 유년의 고향과 성년의 고향에 대한 등가물(等價物)은 자연과 보성으로 환유(換喩)된다. 시긴 속으로 달려간 고향의 동일성은 나를 빼닮은 애인마냥 숲이 '살아서 걸어올' 때였다. 공간 속으로 달려간 고향의 동일성은 동백숲에 잠긴 동박새이거나 푸른 바다의 상괭이 고래의 모습으로 그려진다. 한편으로 '하늘 장대 끝 초승달 속에 고물거리는' 꽃들의 말, 토끼 웃음소리 등으로 청각화·전경화(前景化)하는 데 성공하고 있다.

"사랑하는 바람에게 물었다 / 죽은 숲을 품어 본적 있느냐(...)
이제 세상은 고요히 / 잠들었는데 / 책 속에서 즐겁게 나오는
나를 빼닮은 애인을 만났다 / 그게 답이었는지
숲이 살아서 / 내게로 걸어 올 때도 있었다."

- "숲이 내게로 걸어올 때도 있다" 부분

"동백숲에 가위거리는 / 남해 바닷가에
밤고기들 푸른 눈 여럿 입에 가득 물고 / 네게 헤엄쳐 가는
눈먼 푸른 상괭이었다가 / 온 숨으로 가쁘게
거웃거웃 핏물 쏟아내는 동박새
날개 없이 끄르릉 우는 새였다가(...)"

- "수평선을 칼끝으로 베다" 부분

"그대 / 저 하늘 창 올려다 봐
하늘 장대 끝에 매달린 초승달 보이지
달 속에 고물거리는 배씨댕기 달고
꽃들의 말들 / 토끼웃음소리도 들리는(...)"

- "하얀 고래발자국 남기고" 부분

"청호색꽃 속에 부리 박은 오목눈이 / 정강이를 분지르고 나와
흐릿한 빛으로 / 창문에 걸쳐 앉아 울고 있네
울컥이는 시늉 / 한입 물고 / 밀물 인 듯 / 깊은 샘물인 듯

무겁게 차오르는 걸 / 무심코 쳐다 보았네."

- "수수 익는 밤" 부분

이렇듯이 시적화자는 '청호색 꽃 속에 부리 박은 오목눈이'의 모습으로 '무겁게 차오르는 '유년시절의 풍경을 풍정으로 내면화하는 등 '자못 진지한 자세'로 '무심코 쳐다보'는 역설을 감행하기도 한다.

다시, 그리운 그대를 찾아 나서며

이번 시집에서 보여준 시적화자의 올곧은 시선은 첫 시집에서부터 네 번째 시집 속의 일부 시편에 이르는 '그리움'으로 초점을 맞추고 있다는 사실이다. 항용 하나의 시편을 이해할 때 텍스트와 콘텍스트를 아우른 접근이 정합성을 갖긴 하지만, 콘텍스트가 텍스트의 속성을 규정한다는 점 역시 용인할 때 이번 시집에서 조망하는 '그대에게'는 '또 다시 그대를 향한 그리움'으로 변주되고 있다고 해도 무방하다. 여기서 '그대'란 '그리움의 실체'이거니와, 내면에 감춰진 내 안의 나, 올곧게 추구한 시적 대상, 구원의 연인인 각시, 안식과 평화와 행복이라는 아포리즘 등속으로 설정할 수 있다.

그런 의미에서 다음 세 편의 시는 '구원의 연인'을 향한 애정의 포즈가 실린 그대[각시]에 대한 헌사(獻辭)로 읽힌다. 여기서 시적 주체에게 너란 타자는 나와 너를 살려주는 영원성을 상징하는 조건으로 작용하고 있다. 하지만 '지금도 별빛으로 네게 날아가는 중'이고, '내 안의 퍼즐들을 꺼내어 만지작거리며 / 합성하였지만 둘만의

/ 사진은 만들지 못해' 미완의 안타까움이 노정되고 있다.

"눈을 감으면 / 너를 볼 수 있거든 / 어둠의 꽃을
꽃이라 부를 수 없는 / 제비꽃 앞에서도 / 시간으로 머무는
시간의 씨앗으로 / 너에 머릿속을 왱왱 거리며 날아다니는
벌이 되고 싶은 생각 뿐(...) / 살아 있기에
지금도 먼 땅 끝의 숨겨둔 추억은
치마 끝이 시다나무 잎에 젖어푸르게 바랜
너를 떠올리고는 하였다 / 어찌 내 것이라 하랴(...)
갈참나무 검은 숯불로 타오른 / 우리의 영원을
이제 기억 하는데 / 이제 너는 나로 인해
다시 살아나고 / 내 가슴에 그대로
달빛 찬연한 깃털이 되버린 눈부신 각시야(...)"

- "살아 있기에" 부분

"일만 광년 지난 뒤 / 별이 꽃이 되는 세상에 다시 태어나
너의 이름을 불러야겠다 / 한 바구니의 조팝꽃 속에서
들려오는 수많은 대답들 / 모두가 너를 닮은 별들이다(...)
일만 광년 지난 뒤에도 너는 / 내가 바라보는 별이어서
지금도 별빛으로 / 네게 날아가는 중이다"

- "일만 광년 지난 뒤 : 별 이야기 8" 부분

"당신 / 동쪽에 있을까 / 서쪽에 있을까

붉은 꽃들은 서쪽으로 고개 숙여 / 막 사립문을 닫으려 하건만
당신이 보이지 않은 허공을 바라보며
내 안의 퍼즐들을 꺼내어 만지작거리며
합성하였지만 둘만의 / 사진은 만들지 못하겠군요."

- "꽃의 눈물 : 명옥헌 배롱나무" 부분

'그대에게 가는, 그대를 향한 내 안으로 만든 길' 역시 '한 뼘만이라도 더 가까이'라는 표제작의 제목이 보여준 바처럼 사뭇 애절하다. 시적 주체는 '몇 번씩이나 죽었다가 살아 난', '별들이 엎드린 깊은 밤에', '한 뼘만이라도 더 가까이 너에게 다가가는 잠'을 무시로 요청하고 있다. 이러한 시적 진술은 '별 이야기' 연작 9개 시편 중 서너 편에서 발견된다. 그 시선은 "검은 밤을 끌어당겨 흩뿌릴지라도 / 너에 별 가는 날까지 / 별빛 되는 일만년을 기다려 / 가는 숨이라도 몰아쉴 수 있다면"("명징하게 가물거리는 : 별 이야기 3" 부분)지속될 것이라며, 과거형이나 현재형이 아닌 영원 진행형이라는 점을 부연하고 있다.

"저녁 식탁에 앉은 별들 / 저토록 은은하게 살아본 적 있나
혼질하게 지친 날 / 등지게에 걸치고 어디 쯤 걸어 왔을까
생을 송두리째 차려 놓은 식탁에서
얼마만큼의 별빛으로 아파야 외발로라도 걸어 나갈까
아득히 보일 듯 / 식을 수 없는 영혼으로
이유 없는 사랑을 무수히 바쳤으나 / 별들이 앉은
식탁은 뜨거울 줄 몰라

오히려 그대가 좋아하는 들꽃의 광휘가 뜨거웠지
내 풍경 안에 걸려있는 / 짧은 날 몇 장을 넘기며
지상으로 내려 온 별들은
너에게 머리를 풀어 헤치라기에
얼굴이 뒤덮여 / 나는 숨을 쉴 수가 없었지
몇 번씩이나 죽었다가 살아난 / 가느다란 불꽃같은 기억으로
끝내 긴 머리카락을 베고 잠들었던 / 죽음의 열망을 잊지 못해
별들이 엎드린 깊은 밤에 / 서서히 식어 가는 잠이었지
한 뼘만이라도 더 가까이 / 네게 다가가는 잠
오 참으로 늦게 만난 / 아뜩한 슬픈 잠이었지"

- "한 뼘만이라도 더 가까이 : 별 이야기 1" 전문

시인이 '다시 그대를 향한' 발화의 시선은 '당신의 눈동자'에 쏠려 있다. 눈동자가 바라보는 조망권 내에서 시적화자는 머무르든, 떠나든 할 것이라는 다짐을 기약처럼 하고 있다. 원관념인 '당신의 눈동자'가 '투명한 가을 정류장'이라는 보조관념을 통어하고 있다.

당신의 눈동자는
투명한 가을 정류장에 머물러 있습니다
오늘도 마구 쏟아내는 플랫폼으로
신뢰의 유순한 이름들이
걸어 나옵니다(...)
가까이 아주 가까이서
당신의 완벽한 질투로 허공에 버텨보지만

검은 명주실 풀풀 풀리는 망설임마저 삼켰습니다
가야겠으니
어디로 떠나는지는
당신의 눈동자만 알 뿐입니다.

- "당신의 눈동자" 부분

2016년 11월, 명징한 이 가을의 끝물 자락, 시인은 삶의 정류장에서 시선이 멈춘 곳은 '당신의 눈동자'이다. 짐작하건대 그 눈동자 속에 오롯 신뢰와 유순이 담겨 있었기 때문에 시인 존재가 가능하고, 시적 가치가 발현될 것임이 분명하다. 시인이 시마(詩魔)에 들린 이후, 도저한 생의 끝자락을 어루만지게 되기까지 시업에 정진할 수 있었던 건 '당신의 눈동자' 때문이었던 것은 아닐까.

시인이여, 부디 그 눈동자가 살아서 웅비할 수 있도록 '화룡점정(畫龍點睛)'의 마지막 한 점을 멋지게 그려 넣기를.

산다는 게 불행이었습니다
다시 산다는 건 행복이었습니다
당신을 만난 건 사랑이었습니다

불행과 행복의 별강을 건너,
나는 아직도 빛으로 날아가는 별입니다
당신이 그곳에 붙박이로 있기에 숨결을 느끼며
날아가는 것만으로도 외롭지 않았습니다

사랑하는 당신,
시다나무 그늘 이후
당신을 향한 사랑의 유영을
한 시도 멈춘 적이 없습니다
숨이 끊어진다 하여도
사랑하는 관성의 빛은 당신에게
한 뼘만이라도 더 가까이 다가 가
불멸의 한 별이 될 것입니다

당신의 열손가락에는
늘 싱싱한 꽃들이 피었습니다
당신의 입에는 싱싱한 숨결과 노래가
쉼 없이 흘러 나왔습니다
나는 다시 살아났습니다

대숲에서 수많은 새들이 울고
뒷산에는 당신의 양지꽃이 피고 지고
구절초에 찬 이슬이 매달리면
당신은 점점 더 영롱해졌습니다

2년 만에 다섯 번째 시집을 냅니다
거듭 산다는 것으로, 쓰는 여력이
얼마 남지 않았다는
조급함이 없지 않았습니다

언제라도 이별이 되는 말을
남기게 되어 참 행복합니다.

2016년 12월
담양 선영 본가에서
이 덕 수